T0068463

El violín de Ada

La historia de
la Orquesta de Instrumentos Reciclados del Paraguay

SUSAN HOOD

Ilustrado por
SALLY WERN COMPORT

SIMON & SCHUSTER BOOKS FOR YOUNG READERS
NUEVA YORK LONDON TORONTO SYDNEY NUEVA DELHI

"Para mí, el violín lo significa todo . . . la vida".
—Ada Ríos

Para Favio, Cola, Ada y todos los chicos de la Orquesta de Instrumentos Reciclados . . .
¡Sigan tocando!
—S. H.

Para Favio Chávez, La Orquesta de Instrumentos Reciclados
y los maestros dedicados que inspiran la chispa y encienden el mundo.

—S. W. C.

SIMON & SCHUSTER BOOKS FOR YOUNG READERS
Una publicación de Simon & Schuster Children's Publishing Division
Avenida de las Américas 1230, Nueva York, Nueva York 10020

Publicado originalmente en inglés en 2016 con el título *Ada's Violin* por Simon & Schuster
Books for Young Readers, bajo el sello editorial de la División Infantil de Simon & Schuster.
Traducido por Shelley McConnell

Diseño del libro por Laurent Linn
El texto para este libro fue compuesto en ITC Legacy Sans Std.
Las ilustraciones para este libro fueron creadas con una técnica híbrida de collage,
barniz y pintura acrílica, dibujos y medios digitales, y luego ejecutadas en papel punteado.
Hecho en China
1123 SCP
8 10 9 7
Library of Congress Cataloging-in-Publication Data
Names: Hood, Susan, 1954- | Comport, Sally Wern, illustrator.
Title: El violín de Ada : la historia de la Orquesta de Instrumentos Reciclados del
Paraguay / Susan Hood ; illustrated by Sally Wern Comport.
Other titles: Ada's violin. Spanish
Description: New York : Simon & Schuster Books for Young Readers, 2016. |
Includes bibliographical references.
Identifiers: LCCN 2015036323| ISBN 9781481466578 (hardcover : alk. paper) |
ISBN 9781481466592 (eBook)
Subjects: LCSH: Bordados, Ada Maribel Rios—Juvenile literature. | Orquesta de Instrumentos
Reciclados Cateura—Juvenile literature. | Orchestra—Paraguay—Asunción—Juvenile literature. |
Orchestral musicians—Paraguay—Asunción—Juvenile literature.
Classification: LCC ML3930.B63 H6616 2016 | DDC 784.206/0892121—dc23
LC record available at http://lccn.loc.gov/2015036323

Ada Ríos creció en una ciudad hecha de basura.

Todas las mañanas, de madrugada, Ada escuchaba los primeros camiones de basura retumbar y rodar por la calle a Cateura. *¡Bip, bip, bip!* Dando marcha atrás hacia el vertedero, empinaban sus cargas para arriba, para arriba y *¡CRASH!* La basura caía —mil quinientas toneladas cada día.

Ada y sus amigas miraban cómo los gancheros ("recicladores") trepaban, rasgando las bolsas de plástico con ganchos de mango largo, empujando hacia un lado productos enmohecidos y agarrando cualquier cosa que pudieran reciclar o vender. ¿El precio? "Cinco centavos por una libra de cartón, diez centavos por una libra de plástico".

Este barrio ruidoso, apestoso, sofocante, no era el más acogedor.

Ada observaba, con los ojos bien abiertos, pero no decía mucho.

Y, sin embargo, le gustaba imaginar que cada camión de basura era una “caja de sorpresas”. Uno nunca sabía qué podría haber adentro. Su padre había encontrado electrodomésticos, juguetes, perfumes y relojes antiguos. ¡Una mujer hasta había descubierto un pequeño joyero lleno de joyas de oro!

Poco sabía Ada que había una sorpresa mayor aún esperándola en el vertedero.

Todos los días, cuando los padres de Ada se iban a trabajar, Abuela Mirian cuidaba a Ada y a Noélia, su hermana menor. A Abuela le encantaba cantar canciones de rock de los años sesenta. Así, las dos hermanas crecieron escuchando las melodías de los Beatles, Simon y Garfunkel, y Creedence Clearwater Revival. A Ada le encantaba cantar (pero únicamente cuando no la escuchaba nadie).

El padre de Ada alegraba la noche con cuentos y canciones de los grande músicos. Le subía el volumen a la radio y señalaba los sonidos que hacía cada instrumento. Ada escuchaba un sonido por sobre todos los demás. *¡Zing!* hacían las cuerdas de los violines.

FOUR 6-PACKS OF 12 FL
IMPORTED BEER

Cuando las hermanas empezaron a ir a la escuela, Abuela regresó a trabajar de recicladora, recogiendo botellas y latas en la ciudad.

Las clases terminaban al mediodía. La joven Ada cuidaba a Noélia hasta que sus padres volvían de trabajar.

Al principio, las hermanas se quedaban cerca de casa, jugando con los perritos de la Abuela Mirian y haciendo tortas de arena en la tierra.

Pronto se juntaron con sus primos para jugar a las escondidas o a la pelota en las calles.

Con el tiempo se aventuraron más lejos, caminando hasta la bodega para comprar caramelos.

Pero Ada notaba a los adolescentes pasando el rato en los callejones, quejándose de la vida que les esperaba en el vertedero. ¿Qué les pasaría a ellas . . . a ella . . . a su hermanita? Observaba cómo los muchachos mayores se metían en pandillas y peleaban.

Un día, cuando Ada tenía once años, su abuela vio un cartel en la pared de una capilla.

Se enseña
violín, guitarra,
violonchelo
los sábados
a las 8:00 a.m.

Favio
Chávez

¡Cómo había deseado Abuela aprender música! Quizás muy tarde para ella, pensó, ¡pero no para sus nietas! Las anotó sin siquiera preguntarles a ellas . . . ni a sus padres. El corazón de Ada se alegró. Gracias a su abuela, dejaría sus preocupaciones a un lado y ¡aprendería a tocar un instrumento!

En la primera clase, el maestro, Favio Chávez, tenía para compartir tres guitarras y dos violines. Ada rápidamente eligió un violín. Pero se habían apuntado diez chicos. Frustrada, Ada y sus amigos se dieron cuenta de que no había suficientes instrumentos para todos.

Y había un problema más grande. Todos se dieron cuenta enseguida de que los niños necesitarían practicar en casa. Pero en Cateura, donde un violín vale más que una casa, no era seguro ser visto con un instrumento tan caro.

Al ver a los chicos jugar en medio de vidrios rotos y metales oxidados, el Señor Chávez ¡supo que tenía que hacer algo! Recordó a un grupo llamado Les Luthiers que hacía sus propios instrumentos. ¡Eso era! Le pidió ayuda a Nicolas "Colá" Gómez, ganchero y carpintero.

El Señor Gómez encontró un tambor con un gran agujero. ¿Qué podía usar para arreglarlo? Hurgó en la basura y descubrió una radiografía vieja. ¿Eso funcionaría?

¡Funcionó!

El Señor Gómez siguió experimentando y otros lo ayudaron, como Tito Romero. Inventar instrumentos no era fácil. Pero revolvieron y probaron y volvieron a probar hasta descubrir con qué materiales daban en la clave. ¡Transformaron barriles de aceite en chelos, tuberías en flautas y cajas de embalaje en guitarras!

RTAS
HUEVO CHORIZ
UN JUGO
Pix
VINYL PLASTIC

HOT SAUCE
PASTILLA-
BAMBÚ
UITIS·ASMA·GARGANT

¡Pronto hubo suficientes instrumentos para todos los niños que querían tocar!

Ada eligió un violín hecho de una lata vieja de pintura, una bandeja de aluminio para hornear, un tenedor y pedazos de una caja de embalaje. Sin valor para los ladrones, era invaluable para ella. ¡Era su propio violín!

El Señor Chávez estableció un horario estricto de lecciones de tres horas. La clase no tenía aula, así que tocaban afuera a pesar del calor de 100 grados Fahrenheit y de los aguaceros repentinos.

Al principio, a Ada y sus amigos les costó. Las corcheas y las semicorcheas rechinaban y desafinaban. El Señor Chávez les dijo a los niños:

—*Tocar un instrumento es un proceso. No importa si uno es rico o pobre, feo, gordo, delgado. No pueden aprender a tocar un instrumento de la noche a la mañana.*

Algunos chicos decidieron que era mucho trabajo y se dieron por vencidos; pero Ada no. Después de las lecciones practicaba y practicaba en casa, a veces hasta dos horas al día.

Con el tiempo los chillidos, los tañidos y los píos comenzaron a sonar armoniosamente. Su clase se convirtió en "una pequeña isla" donde Chávez les enseñaba a respetarse a sí mismos y los unos a los otros.

El Señor Chávez les dijo:

—*Sean bondadosos, siempre pidan por favor y den las gracias, pidan disculpas, dedíquense cuando se cometan a algo.*

Muy pronto, este dispar y desbaratado grupo de chicos aprendió a sintonizarse, a escucharse los unos a los otros y a unirse. ¡La Orquesta de Instrumentos Reciclados había nacido!

Desde ese momento, corría algo nuevo por el aire en Cateura. Los gancheros, volviendo a casa del vertedero, podían levantar la cabeza y escuchar los sonidos del violín de Ada . . . o el son del chelo de Bebi . . . o el rasgueo de la guitarra de Noélia. Una sinfonía de sonido los elevaba más allá del calor, del hedor y de sus espaldas doloridas.

Con su violín, Ada podía cerrar los ojos e imaginar una vida diferente. Podía remontarse sobre sus notas altas, brillantes y agridulces a un lugar muy lejano.

Podía ser quien tenía destinado ser.

Al aumentar su habilidad, también aumentó su confianza. Antes tímida, ahora era el centro de atención cuando tocaba como solista. También ayudaba a los chiquillos menores.

Sus maestros y compañeros tomaron nota. Cuando cumplió doce años, Ada fue nombrada primer violín. ¡Imagina! ¡Era número uno en algo!

Poco después, ella y sus treinta y nueve compañeros de música fueron invitados a tocar conciertos en Cateura y luego en la capital, Asunción.

Se corrió la voz de esta extraordinaria orquesta. Muy pronto, también los invitaron a tocar en otras ciudades . . . ¡y hasta en otros países!

UNITED STATES OF
HOLLYWO

Ada y sus amigos viajaron por primera vez en un avión, se quedaron por primera vez en un hotel, nadaron en las aguas azules y cristalinas de Río de Janeiro, probaron por primera vez pastelitos y piña, y vieron muchas cosas hermosas jamás imaginadas.

El mundo los deslumbró . . . así como ellos deslumbraban al mundo.

Cuando Ada tenía dieciséis años, la orquesta recibió una invitación muy especial. Fueron invitados a ir de gira con una famosa banda de rock.

Más de treinta y cinco mil personas los esperaba en su primer concierto en Bogotá, Colombia. Ada estaba "más que nerviosa".

No sabía cómo entrar al escenario ni cómo saludar al público. De pronto su mente quedó en blanco. Vio "un enorme escenario con luces deslumbrantes y escuchó a la gente gritar".

Pero no tenía por qué preocuparse.

Al subir al escenario, la Orquesta de Instrumentos Reciclados recibió una gran ovación del público que pagó para ver a la famosa banda de rock.

EURA!

ATeURa!

El numeroso público cantó y se meció al son de la música que tocaba la orquesta. Y al cierre del concierto . . .

un crescendo de aclamaciones, cantos, y aplausos resonaron de un lado al otro del parque. Los chicos, atónitos, saludaron, sonriendo uno con otro. Habían descubierto la sorpresa que les esperaba en el vertedero.

Enterrada en la basura estaba la música.

Y, enterrado dentro de sí mismos,
tenían algo de que estar orgullosos.

NOTA DE LA AUTORA

"El mundo nos manda basura, nosotros le devolvemos música". —Favio Chávez

Cateura, la pequeña ciudad de Ada Ríos, es el vertedero principal para la capital, Asunción, en Paraguay. Es uno de los barrios más pobres en toda América del Sur. Más de dos mil quinientas familias, o sea, veinte mil personas, viven con menos de dos dólares al día. Aguantan catorce horas de trabajo al día removiendo la basura en el vertedero para encontrar cosas que puedan reciclar y vender. Oficialmente, los niños tienen prohibido trabajar en el vertedero, pero eso no los para. Algunas familias necesitan su ayuda. Ada dice, "Cualquiera que pueda cargar algo puede trabajar".

Generaciones de la familia de Ada han trabajado en el vertedero, incluyendo a su padre y a su abuela. Pero su padre consiguió un mejor empleo cosiendo y bordando ropa. Su madre trabajaba como cuidadora de un pariente anciano. Ada y Noélia podían ir a la escuela, pero de niñas tenían muchas horas sin nada que hacer y con problemas a la espera. Entonces un recién llegado apareció en la ciudad.

Favio Chávez era un ingeniero ambiental mandado a Cateura para enseñarles a los gancheros que trabajaban en las montañas de desperdicios prácticas de seguridad. Trabajando mano a mano con ellos, se hizo amigo y se preocupaba por sus hijos. Siendo músico él mismo, se dedicó a ofrecer clases de música para mantener a los chicos fuera de problemas. La clase de música de Chávez se convirtió en una orquesta, acertadamente llamada ¡la Orquesta de Instrumentos Reciclados!

Llegaron invitaciones de conciertos, pero había trabas difíciles. Chávez descubrió que los chicos no tenían las cédulas de identidad, ni siquiera actas de nacimiento, necesarias para poder viajar. "Legalmente, no habían nacido". Chávez cambió todo eso. Hoy, Ada y sus compañeros han tocado conciertos por todo el mundo: Argentina, Brasil, Canadá, Colombia, Inglaterra, Alemania, Japón, México, Noruega, Palestina, España, Estados Unidos y más. Han ido de gira con la banda de rock Metallica y tocado frente a dignatarios, ¡incluyendo al papa Francisco!

El dinero recaudado en los conciertos vuelve a Cateura para ayudar a las familias a reconstruir sus hogares, su escuela de música, y sus vidas. "No hace mucho tiempo compramos un terreno donde vamos a construir casas para quince de nuestras familias de la orquesta", dijo Chávez. "Ada tiene una nueva casa ahí". Este terreno está fuera de la zona de inundaciones. Estas familias nunca más van a tener que enfrentar las evacuaciones que desplazan a los ciudadanos de Cateura anualmente cuando las aguas suben.

Lo que empezó como una clase de música para diez niños ha aumentado a ensayos de una orquesta de más de doscientos estudiantes con más de veinticinco instructores. Chávez dejó su trabajo de ingeniero para trabajar con la orquesta a tiempo completo. Hay planes para usar las experiencias de la Orquesta de Instrumentos Reciclados como modelo para ayudar a otros niños que viven en vertederos alrededor del mundo.

—SUSAN HOOD

"La música nos ayudó a conectarnos con otra gente. Sin siquiera hablar el mismo idioma, nos comprendemos". —Favio Chávez

Fotografía cortesía de www.landfillharmonicmovie.com. Todos los derechos reservados. Usada con permiso.

PARA MÁS INFORMACIÓN

SITIOS WEB

Orquesta de Reciclados de Cateura: recycledorchestracateura.com

Landfill Harmonic: landfillharmonicmovie.com
Información sobre la película documental producida por Alejandra Amarilla, Juliana Penaranda-Loftus, Rodolfo Madero y Belle Murphy.

La exhibición de la Orquesta de Reciclados en el Museo de Instrumentos Musicales: mim.org
Ocho instrumentos reciclados de Paraguay están en exhibición permanente en Phoenix, Arizona.

VÍDEOS

"The Recyclers: From Trash Comes Triumph" ("Los recicladores: De la basura viene el triunfo"): cbsnews.com
Un segmento de *60 Minutes* sobre la Orquesta de Reciclados.

YouTube.com
La Orquesta de Instrumentos Reciclados se instaló en Bogotá, Colombia
La orquesta detrás y en el escenario durante la apertura de su gira con la banda Metallica.

The Recycled Orchestra of Cateura. "Nothing Else Matters" at the Metallica Tour (Chile) (La Orquesta de Reciclados de Cateura. Gira de Metallica "Nothing Else Matters" ("Nada más importa"), Chile)
Un video de la orquesta tocando con Metallica.

YouTube.com (continuación)

Una orquesta que convierte la basura en música

Un excelente vídeo mostrando a Favio (a la extrema derecha), Ada (al centro) y a la tía de Ada, María (a la izquierda), tocando con la orquesta.

“A mi manera” interpretado por la orquesta de Cateura

Ada en el escenario tocando “A mi manera”, acompañada por Favio Chávez.

FUENTES

Las citas son de entrevistas que conduje con Ada Ríos y Favio Chávez. Muchas gracias a ellos y a Thomas Lecourt por contestar mis preguntas y a Shelley McConnell por sus expertas traducciones.

Agradecimientos especiales para mi editor, Christian Trimmer; mi agente, Brenda Bowen; y el productor de *60 Minutes*, Michael Gavshon.

“Cinco centavos por una libra de cartón. Diez centavos por una libra de plástico”.
Simon, Bob, corresponsal. Gavshon, Michael, productor. “The Recyclers: From Trash Comes Triumph” (“Los recicladores: De la basura viene el triunfo”). *60 Minutes*. Nueva York: CBS, 17 de noviembre de 2013 y 18 de mayo de 2014. Programa de televisión.

Nota: estos precios y cantidades fueron traducidos y convertidos. En Paraguay, la gente usa guaraníes (la moneda paraguaya) y kilogramos, no centavos y libras. Para tasas al corriente, ir a xe.com/currencyconverter.

“Nunca dudes de que un pequeño grupo de ciudadanos reflexivos y comprometidos puede cambiar el mundo; de hecho son los únicos que lo han logrado”. —Margaret Mead

Fotografía cortesía de www.landfillharmonicmovie.com. Todos los derechos reservados. Usada con permiso.

En honor a la publicación de este libro, Simon & Schuster, Inc., ha hecho una donación a la Orquesta de Instrumentos Reciclados de Cateura. Para averiguar cómo puede ayudar, escriba un correo electrónico a orquestareciclados@gmail.com.